Luca Cortis - Elisa Giuliani Pancheri

raccontami 1

corso di lingua italiana
per bambini

disegni di Marisa Canova

Alma Edizioni - Firenze

Ringraziamenti

Gli autori desiderano ringraziare i bambini, i genitori e gli staff delle scuole elementari Haggerty, R.F.Kennedy, Peabody di Cambridge e il C.P.C.I. (Centro Promozione Cultura Italiana) di Boston, Massachussetts. Un particolare ringraziamento inoltre a Gigliola Bonomelli, Dirigente Scolastico, Mary Diggins, Insegnante, Joseph Grassia e James Keegan, Vicepresidi della Kennedy School, Piero Modini, Ispettore Scolastico, Sal Trapani, Coordinatore delle Lingue Straniere presso l'Amministrazione Scolastica di Cambridge, Tino Valdesolo, Direttore del C.P.C.I. Vogliamo ricordare anche i colleghi e le colleghe, Karla Anderson, Lisa Bazarian, Rupa Bellal, Michele Buonaiuto, Carolyn Callender, Kathy Clarke, Giovanna Cornelli, Elaine Delaney, Deanna Day, Donna Di Tucci, Elisabeth Edwards, Jo-Ann Freitas, Liz Fucks, Bill Fulginiti, Diane Hassett, Rosalba Jaup Cortis, Tom Jenei, Yvonne Johnson, Kathleen Johnson, Mary Marpioni, Margaret Matarazzo, Nancy Mochi, Susan Moynihan, Linda O'Brien, Annette Paquette, Joseph Pettner, Jenny Phillips, Susan Pilleri, Catherine Synnott, Lydia Torres, Christina Valentine, Elena Varella, Diane Vendetti per la loro disponibilità e simpatia.

Progetto grafico, impaginazione e copertina: **Maurizio Maurizi**
Illustrazioni interne e disegno copertina: **Marisa Canova**
Redazione: **Ciro Massimo Naddeo**

Printed in Italy
ISBN libro 88-86440-77-4
© 2004 Alma Edizioni

Alma Edizioni
Viale dei Cadorna, 44
50129 Firenze
tel ++39 055476644
fax ++39 055473531
info@almaedizioni.it
www.almaedizioni.it

Indice

Introduzione

Che cos'è "Raccontami"

Raccontami è un corso di lingua italiana per bambini che imparano l'italiano come lingua straniera all'estero o per bambini stranieri che imparano l'italiano come seconda lingua in Italia. Il corso è strutturato in due parti: **Raccontami 1**, per bambini dai 4 ai 7 anni, e **Raccontami 2**, per alunni dai 7 agli 11 anni.

Questo primo livello è dedicato ai bambini piccoli che non sanno ancora né leggere né scrivere o che stanno iniziando ad imparare tali abilità. È composto da un libro per il bambino suddiviso in 9 unità e da un kit per l'insegnante o per l'adulto comprendente il libro, le schede fotocopiabili con i giochi e un CD con testi, canzoni ed esercizi.

Dove nasce "Raccontami"

Raccontami nasce da un'esperienza didattica. Gli autori hanno lavorato insieme quattro anni con classi di scuola materna e del primo ciclo elementare di scuole pubbliche statunitensi dove si insegna e si impara l'italiano come lingua straniera. Le migliori esperienze didattiche realizzate in quella sede sono diventate l'asse portante dell'opera. Possiamo affermare pertanto che questo corso è stato ideato e quasi contemporaneamente sperimentato durante tutti i quattro anni di lavoro. Questo, crediamo e speriamo, ha prodotto un percorso che gli insegnanti e i bambini riconosceranno da subito molto vicino alle loro esigenze ed alle loro preferenze.

Quali sono le novità dell'opera

Le novità dell'opera sono essenzialmente tre:

• è un corso che fa della narratività e della narrazione il suo punto di forza. Sarebbe troppo lungo soffermarsi sulle implicazioni pedagogiche e didattiche che questa scelta produce; è sufficiente ricordare che le più moderne e avanzate teorie di glottodidattica insistono molto, specialmente per la fascia d'età che stiamo considerando, sulla valenza positiva che il narrare e l'ascoltare rivestono per lo sviluppo delle competenze linguistiche, soprattutto per le implicazioni semantiche che l'ascolto di un racconto comporta per i bambini;

• è un corso che si rivolge genuinamente anche ai bambini molto piccoli. Troppo spesso vediamo testi che, pur proponendosi per la fascia d'età prescolare e del primo ciclo elementare, presuppongono già da subito le abilità di lettura e scrittura che i bambini ancora non possiedono o non possiedono pienamente. Noi abbiamo tentato una strada diversa puntando inizialmente su attività orali che non contemplino la padronanza di tali abilità per poi progressivamente introdurre anche esercizi di lettura e scrittura.

● l'essere partiti dall'idea di un racconto, aver proposto un canovaccio che in quanto tale può essere modificato e sul quale l'insegnante può innestare la "sua" narrazione, produrrà, ci auguriamo, strategie di lavoro sulla lingua che non siano date una volta per sempre ma che possano mutare costantemente mantenendo intatta vivacità, spontaneità e freschezza della lingua stessa.

Come possiamo utilizzare "Raccontami 1"

Raccontami 1 presenta storie, attività, giochi, canzoni ed esercizi che si propongono di sviluppare adeguatamente le competenze e le abilità linguistiche del bambino. È suddiviso in nove storie ed altrettante unità di studio. A ciascuna storia corrisponde un'unità didattica nella quale vengono trattati i seguenti argomenti che a loro volta presentano un'area lessicale piuttosto ampia:

Unità	Storia	Argomenti
1	**Barche e vento**	I numeri da 0 a 10; Che tempo fa?
2	**Nuvole e palloni**	I colori
3	**Pinocchio sbagliato**	Le parti del corpo
4	**Il bruco senza casa**	I numeri da 11 a 20; La casa; Chi è?
5	**Chi abita nella zucca?**	La casa (2); Gli animali
6	**Gli animali cercano casa**	Gli animali (2)
7	**Il matrimonio**	I giorni, i mesi e le stagioni
8	**La festa**	Da dove viene?; I cibi e le bevande
9	**La scuola**	La famiglia; I vestiti; La scuola

● Ciascuna delle prime sei unità inizia con una storia da raccontare e da seguire attraverso le tavole dei disegni. Le ultime tre unità comprendono tre storie a fumetti da far leggere ai bambini o da leggere insieme a loro. Per le prime sei unità occorre che l'insegnante o l'adulto legga le brevi sceneggiature delle storie e le impari per poi raccontarle ai bambini. I bambini seguono la narrazione dell'insegnante o dell'adulto attraverso i disegni. Al termine di una o più narrazioni si può riascoltare la storia così come viene recitata nel CD o passare allo studio dei glossari. Successivamente si passa allo svolgimento delle attività che sono raggruppate e identificabili da alcuni simboli iconografici.

Che cosa significano le ICONE

Per semplificare il lavoro di chi si accinge ad usare il nostro testo abbiamo elaborato sette diverse icone. Le icone sono poste all'inizio di ogni attività e rappresentano in modo chiaro e immediato ciò che dovrà essere fatto successivamente. Vediamo ora che cosa significano.

L'ICONA STORIA: rappresenta un adulto che racconta; significa che l'attività consiste nella narrazione da parte dell'insegnante o dell'adulto della storia esemplificata nei disegni. È bene sottolineare che, nel raccontare la storia, non è importante seguire precisamente la sceneggiatura né usare esattamente le stesse parole. La sceneggiatura è un canovaccio sul quale si può anche improvvisare, rendendo più vivace la narrazione e più spontaneo l'apprendimento linguistico.

 L'ICONA GLOSSARIO: rappresenta un vocabolario da cui escono delle parole; significa che l'attività consiste nel presentare e rafforzare il lessico che proviene dal racconto. Trattandosi di un glossario illustrato, è inizialmente consigliabile guardare i disegni e ripetere insieme ai bambini le parole della storia. Ma, come tutti i glossari, si presta a molteplici usi. Infatti, dopo questa prima fase di ripasso delle parole comparse nella storia, è anche possibile indicare un disegno e chiedere ai bambini di ricordare o leggere la parola corrispondente; oppure indicare un disegno, coprire la parola corrispondente e chiedere ai bambini di indovinarla; o infine leggere una parola del glossario e chiedere ai bambini di indicare il disegno corrispondente.

 L'ICONA TAGLIAMO E INCOLLIAMO: quando nell'unità compare questa icona, l'alunno dovrà riordinare la storia attribuendo a ciascun disegno la didascalia appropriata.

L'alunno dovrà innanzitutto ritagliare le frasi in disordine in fondo al libro. Poi tornerà all'unità, dove dovrà incollare le frasi al posto giusto nello spazio centrale della pagina (sotto e sopra le tavole con i disegni), scegliendo così per ogni disegno la didascalia più adatta.

È forse l'attività più complessa. Presuppone una comprensione e una padronanza dei racconti che può essere raggiunta solo dopo diverse narrazioni e con il completamento di tutte le attività previste. Questa attività nel percorso dell'unità è comunque sempre preceduta da un riascolto della storia (l'attività RIASCOLTIAMO LA STORIA), che può essere fatto anche dal CD.

 L'ICONA ALLEGATO: comporta il rinvio ad un allegato che integra quasi sempre in forma ludica le attività proposte nell'unità didattica. I giochi che si troveranno hanno diverse tipologie e vanno dalle tradizionali tombole (di numeri, colori e animali), ai memory in cui occorre formare coppie di figurine identiche, alle palette di numeri da costruire a cura dell'insegnante.

 L'ICONA ATTIVITÀ: indica che il bambino deve prepararsi a svolgere un'attività. Le attività sono di diverso tipo e sono precedute da spiegazioni ed esemplificazioni chiare ed immediate.

 L'ICONA CD CANZONE: segnala che occorre prepararsi ad ascoltare, apprendere e cantare una canzone tutti insieme. Dopo diversi ascolti l'esecuzione della canzone può essere fatta anche con l'accompagnamento in sottofondo della sola base musicale (nel CD le canzoni sono infatti proposte in due versioni: versione completa con musica e parole e versione solo musica).

L'ICONA CD SEMPLICE: segnala che occorre prepararsi ad un ascolto. Può essere l'ascolto della narrazione di una delle 9 storie, l'ascolto di una filastrocca o l'ascolto di un testo utile allo svolgimento di un esercizio auditivo.

Nelle ultime tre unità vi sono poi delle proposte didattiche che non sono accompagnate da alcun simbolo grafico. Questo perché non si tratta tanto di attività quanto di esercizi, che si rivolgono direttamente al bambino, possono essere svolti anche individualmente e presuppongono, essendo posti alla fine del percorso didattico del volume, le abilità di lettura e di scrittura.

Come possiamo utilizzare gli ALLEGATI e il CD

Gli allegati e il CD sono parte integrante del corso di studi. Non è necessario che ogni alunno ne possieda una copia ma è indispensabile che almeno l'insegnante abbia un set di allegati e un CD a disposizione per seguire compiutamente il percorso del libro. Gli allegati possono essere usati una prima volta nel momento in cui il testo rimandi a loro; successivamente possono essere utilizzati per richiamare un'area lessicale già presentata. Dopo essere stati utilizzati una prima volta possono comunque e sempre costituire un'occasione ludica e di svago per i bambini e per l'insegnante parallelamente al percorso didattico che è stato tracciato. Il CD può essere utilizzato tutte le volte che viene richiesto dal testo. Può anche sostituire il racconto dell'insegnante anche se, crediamo, sia sempre consigliabile partire dalla narrazione a viva voce dell'insegnante.

I diritti dei più piccoli

Il nostro obiettivo è stato quello di ideare un corso per promuovere l'insegnamento-apprendimento di una lingua straniera il più precocemente possibile. Non abbiamo la presunzione di aver inventato un nuovo metodo a tale scopo, ma è nostra intenzione cercare di fare un primo piccolo passo in tal senso. Crediamo che l'affermazione sempre maggiore dei diritti dei più piccoli passi anche attraverso il superamento della disorganicità, dell'episodicità e della frammentarietà di curriculi e interventi che spesso riguardano l'insegnamento delle lingue straniere in età prescolare e nel primo ciclo elementare. Crediamo che ci si debba adoperare in progetti semplici ed adeguati ai bambini, rendendoli essenziali, coerenti, organici e creativi. Nelle pagine seguenti abbiamo cercato di offrire un contributo a questa causa. Se il nostro lavoro verrà percepito, condiviso e - auspichiamo - perfezionato in tal senso, potremo, insieme, scoprire nuove strade a favore dei diritti dei più piccoli.

Gli autori

Questo libro è dedicato ai piccoli
Elisabeth e William, Emma e Nicholas e
alla memoria di Umberto Cortis.

I numeri
da 0 a 10

Che tempo
fa?

I colori

Le parti del
corpo

I numeri
da
11 a 20

La casa

Chi è?

La casa (2)

Gli animali

Gli
animali
(2)

I giorni,
i mesi,
le stagioni

Da dove
viene?

I cibi e le
bevande

La famiglia

I vestiti

La scuola

barche e vento

1

La storia

L'insegnante racconta la storia con l'aiuto del testo riportato qui sotto. Contemporaneamente i bambini seguono la storia scorrendo i disegni delle pagine seguenti.

Disegno 1

Oh che bella giornata!
Tutto è in movimento!
Il sole, il mare, le nuvole, il vento, i pesci, la medusa, la stella marina e... tante barche!!! Contiamo le barche!
Uno, due, tre, quattro, cinque, sei, sette, otto, nove, dieci.

Disegno 2

Ma improvvisamente...
Non c'è più vento, il mare è calmo e tutto è immobile!!!

Disegno 3

Le barche sono ferme e tristi.

Disegno 4

Come faremo a tornare a casa?

Disegno 5

Una barca ha un'idea!

Disegno 6

Chiama le altre barche e...

Disegno 7

...piano piano mettono i loro alberi e le loro vele uno sull'altro così...

Disegno 8

...arrivano molto in alto, fanno il solletico alle nuvole che...

Disegno 9

STARNUTISCONO forte, forte.

Disegno 10

Ed ecco di nuovo IL VENTO!

Disegno 11

Tutto è di nuovo in movimento. Tutti sono felici.

Disegno 12

Le barche ritornano a casa. Tutti sono in festa!

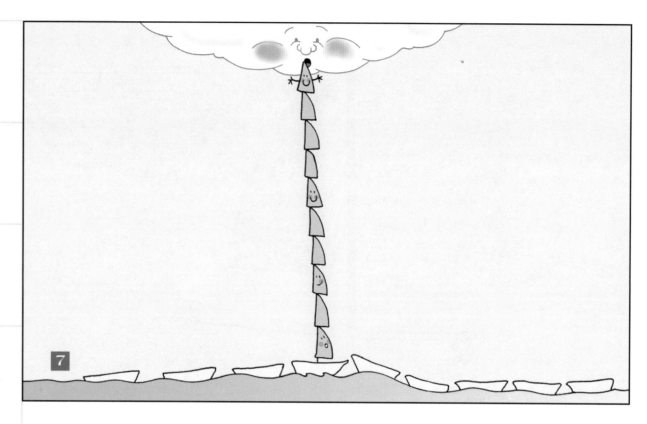

Il glossario

Guardare i disegni e ripetere insieme ai bambini le parole della storia.

2

È inoltre possibile: a) indicare un disegno e chiedere ai bambini di ricordare o leggere la parola corrispondente; b) indicare un disegno, coprire la parola corrispondente e chiedere ai bambini di indovinarla; c) leggere una parola del glossario e chiedere ai bambini di indicare il disegno corrispondente.

 il sole

 la medusa

 il mare

 la stella marina

 la nuvola

 la barca

 il vento

 la vela

 il pesce

 le case

3

La barchetta

Seguire le istruzioni e costruire la barchetta.

L'insegnante scrive i numeri da 1 a 10 su fronte e retro di un foglio A4 secondo il modello riprodotto di seguito.

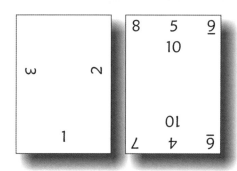

Successivamente, seguendo la numerazione impressa sul foglio e contando ad alta voce, costruisce una barchetta. Può ripetere l'operazione per ogni bambino della classe, avendo cura di scrivere su ogni barchetta il nome dei bambini.

Per velocizzare l'operazione (ed a seconda del numero dei bambini presenti in classe) può preparare preliminarmente alcune barchette in modo da non dover ripetere troppe volte la stessa operazione (anche se l'attività si basa proprio sulla ripetizione della numerazione da 1 a 10 e quindi si rendono necessarie un certo numero di ripetizioni).

L'insegnante prepara poi una bacinella d'acqua dove due o tre barchette per volta galleggeranno. I bambini, a turno, calano una monetina sulla loro barchetta e contando da uno a dieci osservano quante monete riescono a mettere su ogni barchetta senza farla affondare. Il gioco consiste nel vedere quale barchetta resisterà più a lungo prima di affondare. Vince chì riesce a mettere il maggior numero di monetine sulla propria barchetta.

4

Il gioco del BUM!

Ed ora giochiamo al gioco del BUM!

L'insegnante si siede e invita gli alunni a sedersi in cerchio intorno a sé. Inizia a contare "uno" e chiede al bambino seduto alla sua sinistra di proseguire col "due" ed al successivo col "tre" e così via.

Al bambino che dovrebbe dire "cinque" l'insegnante spiega che dovrà sostituire il numero con il suono "BUM!" e così dovrà fare il bambino a cui tocca il numero "dieci".

Chi non ricorda il suo numero, sbaglia o non dice "BUM!" al posto del "cinque" o del "dieci", lascia il cerchio e si siede al centro; quindi il gioco ricomincia col bambino successivo dal numero "uno".

5

Il tempo

Mostrare i disegni qui di seguito.

Sollecitare i bambini a riconoscere e a ripetere i diversi tempi metereologici della finestra (per esempio chiedere "Com'è il tempo qui?" "E qui?" ecc..). Cambiare pagina e ripetere lo stesso esercizio con gli altri disegni e introdurre il nuovo lessico.
Sollecitare inoltre i bambini a riconoscere e a dire il tempo metereologico reale all'esterno della classe. L'attività prettamente orale può essere ripetuta nel tempo, essere connessa o richiamata durante la narrazione delle storie passate o successive.

c'è vento

piove

nevica

fa freddo

c'è il sole

fa caldo

è sereno

è nuvoloso

6

Riascoltiamo la storia

L'insegnante invita i bambini ad ascoltare la narrazione dal cd (traccia n. 2) e a riprendere sul libro i disegni della storia.

Dopo qualche ascolto è possibile interrompere il cd usando il tasto pausa per chiedere ai bambini: a) quale disegno corrisponde all'ultima frase ascoltata; b) quale tra le frasi ascoltate dal cd corrisponde al disegno indicato dall'insegnante; c) come prosegue la storia.

7

Tagliamo e incolliamo

L'insegnante invita gli alunni a ritagliare e ad incollare sotto i disegni corrispondenti le frasi della storia riportate a pagina 115.

8

Il gioco delle palette

Andare all'allegato A1.

Costruire delle palette numerate da 0 a 10 come illustrato nel disegno seguente:

Mostrarle ai bambini in ordine crescente e decrescente e alternarle in modi diversi, leggendo ad alta voce il numero della paletta. Successivamente estrarre una paletta alla volta chiedendo ai bambini di leggere il numero rappresentato. Al bambino che risponde esattamente viene data la paletta in premio. Vince chi riesce ad ottenere il maggior numero di palette. L'insegnante richiamerà poi tutti i numeri facendosi consegnare le palette dai bambini.

9

Che numero ha detto?

Dopo aver ripassato insieme la serie completa dei numeri da 1 a 10, proporre le tracce n° 3 e 4 del cd con le due serie incomplete, spiegando ai bambini che dovranno cerchiare a matita i numeri ascoltati.

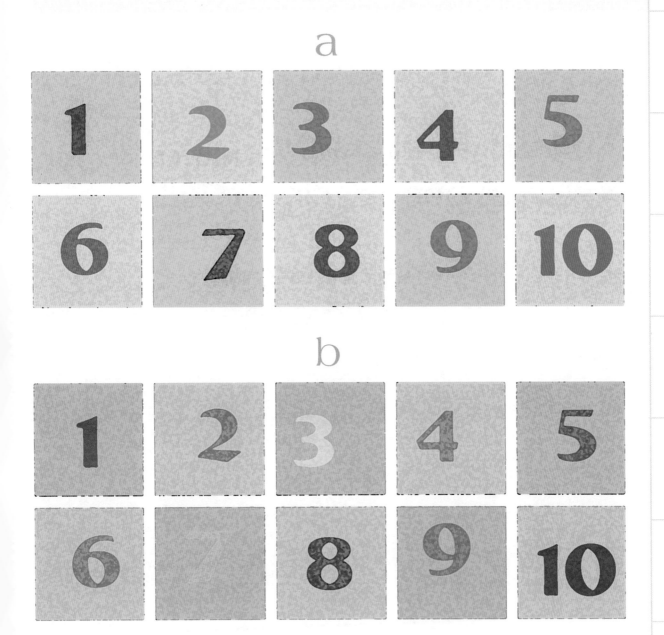

a

| 1 | 2 | 3 | 4 | 5 |
| 6 | 7 | 8 | 9 | 10 |

b

| 1 | 2 | 3 | 4 | 5 |
| 6 | | 8 | 9 | 10 |

1 2 3 4 5 6 7 8 9 10

10

La canzone dei numeri
Ascoltare e cantare la canzoncina seguendo le indicazioni.

L'insegnante invita i bambini ad ascoltare la canzoncina una prima volta (traccia n. 5). Poi li sollecita a cantare riascoltando la traccia. Infine è possibile cantare seguendo la sola base musicale (traccia n. 6). Il testo può anche essere copiato in grande su un cartellone da appendere.

La canzone dei numeri

Uno due tre e quattro
cinque sei cinque sei
sette otto nove
sette otto nove
dieci e ciao
dieci e ciao!

Uno due tre e quattro
cinque sei cinque sei
sette otto nove
sette otto nove
dieci e ciao
dieci e ciao!

1 2 3 4 5 6 7 8 9 10

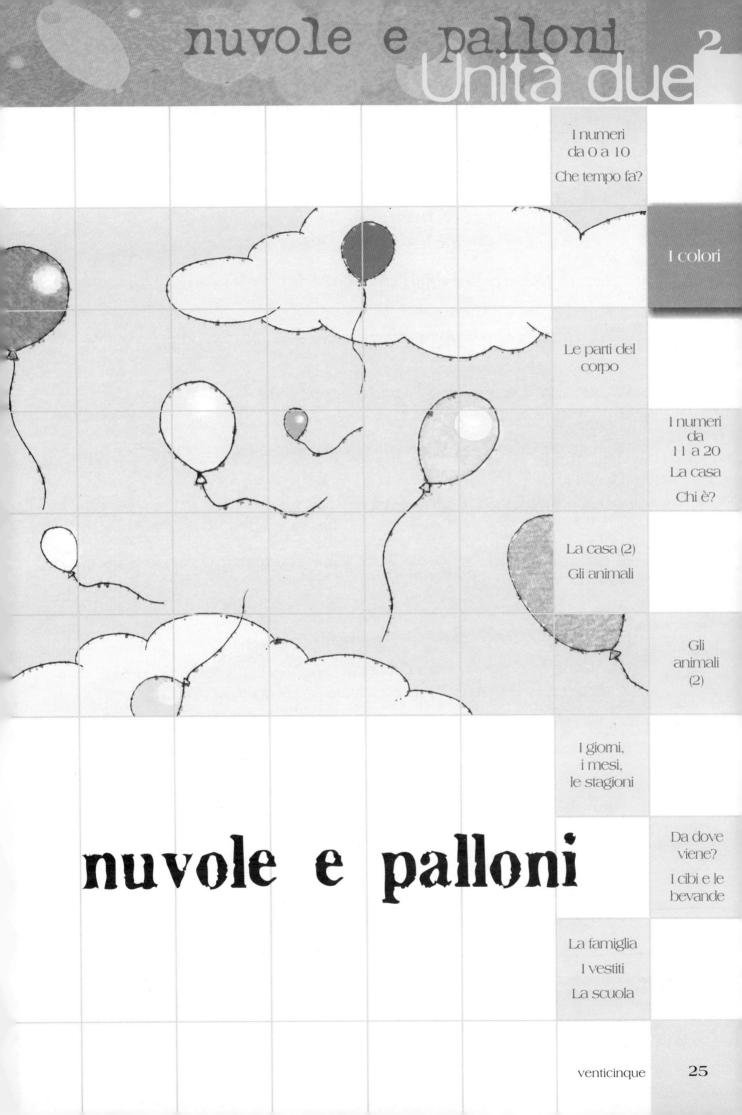

I numeri
da 0 a 10

Che tempo fa?

I colori

Le parti del
corpo

I numeri
da
11 a 20

La casa

Chi è?

La casa (2)

Gli animali

Gli
animali
(2)

I giorni,
i mesi,
le stagioni

Da dove
viene?

I cibi e le
bevande

La famiglia

I vestiti

La scuola

nuvole e palloni

1

L'insegnante racconta la storia con l'aiuto del testo riportato qui sotto. Contemporaneamente i bambini seguono la storia scorrendo i disegni delle pagine seguenti.

Disegno 1

Chiara e Nicola hanno tanti palloni colorati.

Disegno 2

Ad un tratto si alza un forte vento. Chiara e Nicola perdono i palloncini.

Disegno 3

Cercano di riprenderli ma il vento è troppo forte.

Disegno 4

Il vento disperde i palloncini sempre più in alto e Nicola piange.

Disegno 5

I palloncini volano alti alti nel cielo...

Disegno 6

E quando toccano le nuvole "PUM, PUM!" scoppiano tingendo le nuvole di tutti i colori.

Disegno 7

Ora le nuvole sono colorate e mentre piove...

Disegno 8

...Nicola dice a Chiara: "Guarda Chiara, la pioggia è colorata!"

Disegno 9

Allora i due bambini corrono veloci a raccogliere la pioggia.

Disegno 10

Aggiungono sapone alla pioggia colorata...

Disegno 11

...e fanno bolle di sapone grandi come palloni!

Disegno 12

Ed eccoli di nuovo felici e sorridenti con i loro dodici palloni colorati!

Il glossario

Guardare i disegni e ripetere insieme ai bambini le parole della storia.

È inoltre possibile: a) indicare un disegno e chiedere ai bambini di ricordare o leggere la parola corrispondente; b) indicare un disegno, coprire la parola corrispondente e chiedere ai bambini di indovinarla; c) leggere una parola del glossario e chiedere ai bambini di indicare il disegno corrispondente.

 i palloni

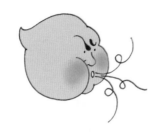 il vento

 la nuvola

 la pioggia

 il sapone

 i vasi

3

La pioggia dei colori

L'insegnante mostra come colorare le nuvolette con i colori corrispondenti alle scritte e come colorare le pozzanghere con il nuovo colore risultante dai due colori base. Poi invita gli alunni a fare altrettanto ed infine scrive negli spazi appositi i nomi dei nuovi colori.

che cosa fanno?

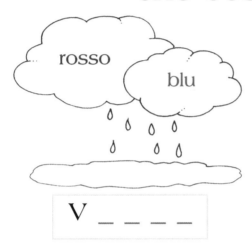

v _ _ _ _

a _ _ _ _ _ _ _ _

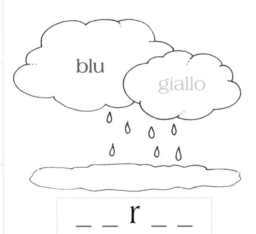

_ _ r _ _ _

r _ _ _

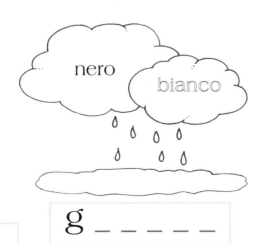

g _ _ _ _ _

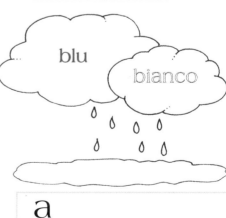

a _ _ _ _ _ _

4

Coloriamo e giochiamo

Colorare e poi ritagliare secondo le seguenti istruzioni.

L'insegnante colora la scheda e contemporaneamente ripete ad alta voce i vari colori. Quindi invita i bambini a colorare la scheda sul loro libro. In un secondo tempo l'insegnante ritaglia insieme ai bambini ogni colore ottenendo così un mazzetto di carte colorate. Poi chiama un colore alla volta. I bambini devono estrarre dal loro mazzetto il colore giusto e mostrarlo all'insegnante. Per variare l'attività un bambino può essere chiamato a sostituire l'insegnante nel chiamare i colori per gli altri alunni.

le carte dei colori

rosso	giallo
arancione	bianco
rosa	verde
azzurro	viola
blu	grigio
marrone	nero

Che colore viene dopo?

5

Andare all'allegato A2 e giocare con i colori.

L'insegnante ritaglia i 12 foglietti colorati dell'allegato e li mostra ai bambini in sequenza, avendo cura di far coincidere i margini dei foglietti, cosicché sia possibile vedere ogni volta solo il primo colore della serie. Ammettiamo che la sequenza sia la seguente: bianco - nero - rosso - blu - giallo - rosa - verde - viola - marrone - arancione - azzurro - grigio; dopo aver ripetuto ad alta voce, insieme ai bambini, tutti i colori secondo la sequenza, l'insegnante si fermerà al primo colore (bianco) e chiederà: "Che colore viene dopo?" È possibile inoltre, durante lo svolgimento dell'attività, alternare la domanda precedente con la domanda: "Che colore viene prima?"

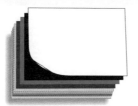

Riascoltiamo la storia

6

L'insegnante invita i bambini ad ascoltare la narrazione dal cd (traccia n. 7) e a riprendere sul libro i disegni della storia.

Dopo qualche ascolto è possibile interrompere il cd usando il tasto pausa per chiedere ai bambini: a) quale disegno corrisponde all'ultima frase ascoltata; b) quale tra le frasi ascoltate dal cd corrisponde al disegno indicato dall'insegnante; c) come prosegue la storia.

Tagliamo e incolliamo

7

L'insegnante invita gli alunni a ritagliare e ad incollare sotto i disegni corrispondenti le frasi della storia riportate a pagina 117.

La tombola dei colori

8

Andare all'allegato A3 e giocare a tombola.

L'insegnante distribuisce le cartelle della tombola (una per ogni bambino o per ogni coppia). Poi estrae e chiama ad alta voce numeri e colori. Per far questo può utilizzare le palette dei numeri da 0 a 10 e i colori costruiti nelle attività precedenti. I bambini possono usare pasta o monete per segnare i numeri e i colori estratti. Vince chi per primo riesce a completare la propria cartella. Il vincitore deve dire "Tombola!".

9

La canzone di Pappacìa

Ascoltare e cantare la canzoncina seguendo le indicazioni.

L'insegnante invita i bambini ad ascoltare la canzoncina una prima volta (traccia n. 8). Poi li sollecita a cantare riascoltando la traccia. Infine è possibile cantare seguendo la sola base musicale (traccia n. 9). Il testo può anche essere copiato in grande su un cartellone da appendere.

La canzone di Pappacìa

Ed ecco qui
 c'è un sole giallo
  perepepè

Un prato verde e
 un fiume azzurro
  perepepè

La casa bianca
 è piccolina
  perepepè

Ed anche rosa,
 rossa e blu
  perepepè

E pappacia cia cia cia cia perepepè
E pappacia cia cia cia cia perepepè
E pappacia cia cia cia cia perepepè
E pappacia cia cia cia cia perepepè

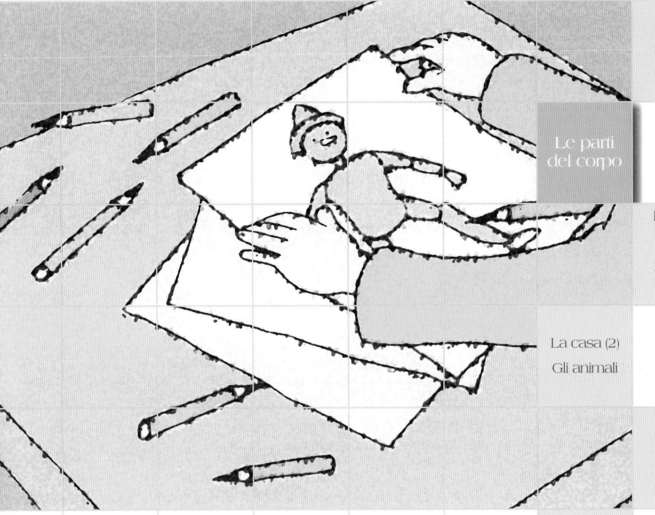

Pinocchio sbagliato

1

La storia

L'insegnante racconta la storia con l'aiuto del testo riportato qui sotto. Contemporaneamente i bambini seguono la storia scorrendo i disegni delle pagine seguenti.

Disegno 1

È notte. Un maestro lavora ancora alla sua scrivania. Disegna un Pinocchio per la classe del giorno dopo. Ma è molto stanco...

Disegno 2

Pinocchio senza NASO.

Disegno 3

Tutti i bambini ridono.

Disegno 4

È notte. Un maestro lavora ancora alla sua scrivania. Disegna un Pinocchio per la classe del giorno dopo. Ma è molto stanco...

Disegno 5

Pinocchio senza OCCHI.

Disegno 6

Tutti i bambini ridono.

Disegno 7

È notte. Un maestro lavora ancora alla sua scrivania. Disegna un Pinocchio per la classe del giorno dopo. Ma è molto stanco...

Disegno 8

Pinocchio senza BOCCA. Tutti i bambini ridono.

Disegno 9

È notte. Un maestro lavora ancora alla sua scrivania. Disegna un Pinocchio per la classe del giorno dopo. Ma è molto stanco...

Disegno 10

Pinocchio senza GAMBE e senza PIEDI.

Disegno 11

Tutti i bambini ridono.

Disegno 12

È notte. Un maestro lavora ancora alla sua scrivania.

Disegno 13

È stanco ma ad un certo punto ha un'idea!

Disegno 14

Pinocchio è diventato un bel BAMBINO e di Pinocchio è rimasto solo IL... CAPPELLINO...!

9

10

2

Il glossario
Guardare i disegni e ripetere insieme ai bambini le parole della storia.

È inoltre possibile: a) indicare un disegno e chiedere ai bambini di ricordare o leggere la parola corrispondente; b) indicare un disegno, coprire la parola corrispondente e chiedere ai bambini di indovinarla; c) leggere una parola del glossario e chiedere ai bambini di indicare il disegno corrispondente.

 il maestro

 le braccia

 la classe

 le mani

 il naso

 la pancia

  gli occhi

 le gambe

 la bocca

 i piedi

  le orecchie

 il cappello

 la testa

 il bambino

Che cosa non si vede?

L'insegnante mostra ai bambini i seguenti disegni. Per ogni disegno formulerà la domanda: "Che cosa nasconde la bambina?" I bambini dovranno dire a turno quale parte del corpo la bambina tenta di nascondere. Ad ogni risposta esatta un punto. Vince chi riesce ad arrivare per primo a tre punti.

Pinocchio sbagliato

Pinocchio sbagliato

Unità

Il percorso del corpo

4

Andare all'allegato A4 e giocare con il percorso del corpo.

Prendere le prime 14 carte dell'allegato (una carta per ogni parte del corpo) e disporle sul pavimento capovolte e in fila. Si costruirà così un percorso formato dalla successione delle immagini poste a faccia in giù. Da ogni lato del percorso l'insegnante chiama un bambino (due ogni turno) e lo invita a tirare un dado. Ogni bambino farà tanti passi e avanzerà di tante immagini a seconda del numero comparso sul dado. Una volta arrivato sull'immagine capovolta il bambino girerà la carta e dovrà dire ad alta voce la parte corrispondente del corpo. Chi non riuscirà a ricordare la parte del corpo corrispondente al disegno ritornerà al punto di prima annullando di fatto il suo ultimo tiro di dado. Vince chi per primo arriva alla fine del percorso.

Riascoltiamo la storia

5

L'insegnante invita i bambini ad ascoltare la narrazione dal cd (traccia n. 10) e a riprendere sul libro i disegni della storia.

Dopo qualche ascolto è possibile interrompere il cd usando il tasto pausa per chiedere ai bambini: a) quale disegno corrisponde all'ultima frase ascoltata; b) quale tra le frasi ascoltate dal cd corrisponde al disegno indicato dall'insegnante; c) come prosegue la storia.

Tagliamo e incolliamo

6

L'insegnante invita gli alunni a ritagliare e ad incollare sotto i disegni corrispondenti le frasi della storia riportate a pagina 119.

Il memory del corpo

7

Ritornare all'allegato A4 e giocare al memory del corpo.

L'insegnante ordina in file da quattro e predispone a faccia in giù le 28 carte. Poi chiama a turno i bambini che dovranno:
1. scoprire una carta alla volta;
2. dire (o leggere) ad alta voce la parte del corpo a cui il disegno si riferisce;
3. tentare di trovare la carta identica a quella scoperta prima.
Ovviamente il gioco premia l'attenzione, l'abilità di ricordare la posizione delle carte e la produzione linguistica orale dei bambini. Chi trova 2 carte uguali le prende e ha diritto ad un altro turno. Vince chi riesce a collezionare il maggior numero di carte.

8

La zia di Forlì

Ascoltare e cantare la canzoncina seguendo le indicazioni.

L'insegnante invita i bambini ad ascoltare la canzoncina una prima volta (traccia n. 11). Durante l'ascolto invita i bambini a muovere la parte del corpo che di volta in volta viene nominata. Poi li sollecita a cantare riascoltando la traccia. Infine è possibile cantare seguendo la sola base musicale (traccia n. 12). Il testo può anche essere copiato in grande su un cartellone da appendere.
Ovviamente la canzone si presta a innumerevoli variazioni sul tema, aggiungendo o sostituendo, di volta in volta, una nuova parte del corpo a quelle che sono state inserite nel testo qui sotto. Sarebbe tuttavia importante concludere sempre con il movimento simultaneo di tutte le parti del corpo che sono state inserite precedentemente nella canzone.

La zia di Forlì

Io ho
una zia
una zia che sta a Forlì
e quando va a ballare
il suo piede fa così
così così
il suo piede fa così
così così
il suo piede fa così
Io ho
una zia
una zia che sta a Forlì
e quando va a ballare
la sua spalla fa così
così così
la sua spalla fa così
così così
la sua spalla fa così

Io ho
una zia
una zia che sta a Forlì
e quando va a ballare
il suo collo fa così
così così
il suo collo fa così
così così
il suo collo fa così
Io ho
una zia
una zia che sta a Forlì
e quando va a ballare
tutto il corpo fa così
così così
tutto il corpo fa così
così così
tutto il corpo fa così

il bruco senza casa

1

La storia

L'insegnante racconta la storia con l'aiuto del testo riportato qui sotto. Contemporaneamente i bambini seguono la storia scorrendo i disegni delle pagine seguenti.

Disegno 1

In un grande prato c'è un bellissimo albero.
Sull'albero ci sono tante mele.
Quante mele ci sono? Contiamo le mele...
1, 2, 3, 4, 5, 6, 7, 8, 9, 10, 11, 12, 13, 14, 15, 16, 17, 18, 19, 20.

Disegno 2

Sotto l'albero di mele c'è un piccolo bruco.

Disegno 3

Il bruco è triste perché non ha una casa.

Disegno 4

Cade una mela. Quante mele ci sono adesso sull'albero? 1, 2, 3, 4, 5, 6, 7...

Disegno 5

Il Bruco vede la mela e pensa: "Ecco la mia casa!"

Disegno 6

Il Bruco scava, scava, scava...

Disegno 7

... e si affaccia alla finestra felice perché finalmente ha una casa.

Disegno 8

È notte. Il bruco va a dormire. Nel cielo ci sono la luna e le stelle. Tutto è silenzioso.

Disegno 9

Il bruco dorme. Ma... Toc, toc, toc... ...Toc, toc, toc.
La bruchina bussa alla porta.

Disegno 10

Il bruco si sveglia, scende giù e dice: "Chi è?"
La Bruchina risponde: "Sono io la Bruchina."
Il Bruco apre la porta e dice: "Avanti!"

Disegno 11

Cosa fanno il Bruco e la Bruchina?
Il Bruco e la Bruchina scavano, scavano, scavano...

Disegno 12

... e ora il Bruco e la Bruchina hanno una casa grande e bellissima!

Il bruco senza casa

Il glossario

Guardare i disegni e ripetere insieme ai bambini le parole della storia.

2

È inoltre possibile: a) indicare un disegno e chiedere ai bambini di ricordare o leggere la parola corrispondente; b) indicare un disegno, coprire la parola corrispondente e chiedere ai bambini di indovinarla; c) leggere una parola del glossario e chiedere ai bambini di indicare il disegno corrispondente.

 il prato

 il bruco

 l'albero

 la bruchina

 la mela

 la casa

 la foglia

 la finestra

 la luna

 la cucina

 le stelle

 il soggiorno

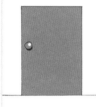 la porta

 la scala

 il bagno

 la soffitta

 la camera da letto

 il garage

 il letto

3

La pasta di sale

Seguire le istruzioni per costruire con la pasta di sale le mele e i bruchi.

Ingredienti
Per preparare circa 12 mele
con la pasta di sale occorrono:

- 200 gr. di farina
- 200 gr. di sale finissimo
- 125 cc. di acqua
- 25 cc. di glicerina
- 2 chiodi di garofano per ogni mela

Preparazione
Mettere in una scodella il sale, l'acqua e la glicerina. Mescolare brevemente e poi aggiungere la farina. Versare il composto su uno spianatoio e lavorarlo per circa dieci minuti. Dividere la pasta nelle quantità desiderate. Coprire con una pellicola trasparente la parte di pasta che non viene utilizzata.
Per modellare le mele basta rotolare la pasta tra il palmo delle mani tenute distese e parallele. Quando la pallina sarà ben liscia e rotonda, inserire sulla sommità, come se fosse un picciolo, un chiodo di garofano rovesciato. Inserire dalla parte opposta un altro chiodo di garofano, questa volta con il picciolo conficcato all'interno della pasta. Il secondo chiodo di garofano rappresenta gli stami del fiore di melo. Per modellare il bruco prendere una piccola quantità di pasta e allungarla sfregandola tra le dita delle mani. Disporre poi le mele e i bruchi su un vassoio e lasciarli a seccare per alcuni giorni al sole o vicino ad una fonte di calore. Una volta seccati le mele e i bruchi possono essere colorati.

4

Il memory dei numeri

Andare all'allegato A5 e giocare con il memory dei numeri da 0 a 20.

L'insegnante predispone capovolte le 42 carte del memory dei numeri. Poi chiama a turno i bambini che dovranno:

1. scoprire una carta;
2. dire ad alta voce il numero impresso sulla carta;
3. tentare di trovare la carta identica a quella scoperta prima.

Chi trova 2 carte uguali le prende e ha diritto ad un altro turno. Vince chi riesce a collezionare il maggior numero di carte.

5

Cosa apparirà?

Unire i numeri da 1 a 20.

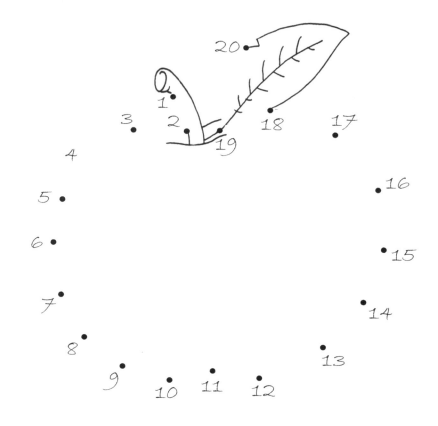

6

La filastrocca della mela

L'insegnante legge ad alta voce la filastrocca senza rivelare il colore della mela.

Poi chiede: "Di che colore è la mela? Nera? Viola? Grigia? Azzurra? Rossa? Scrivete il colore giusto nella filastrocca". Quindi fa ascoltare la traccia n° 13 del cd con la soluzione e si ripete la filastrocca tutti insieme.

Mela, mela

mela ....

una per me,

una per te,

gnam ... che buona!

7

Scriviamo nelle mele

Scrivere nelle mele i numeri 1, 2, 3, 4, 5, 6, 7, 8, 9, 10, 11, 12, 13, 14, 15, 16, 17, 19, 19, 20.

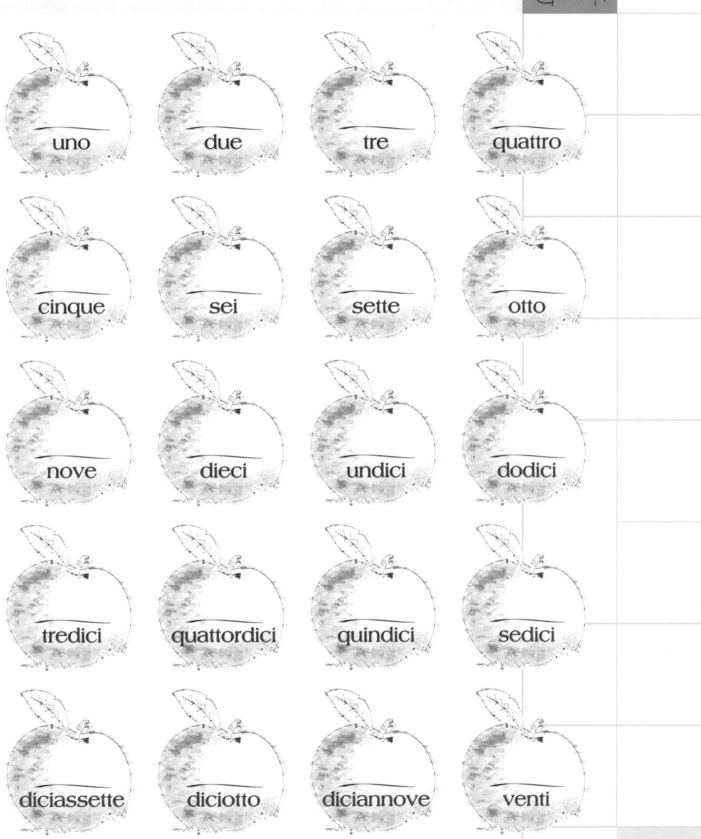

uno   due   tre   quattro

cinque   sei   sette   otto

nove   dieci   undici   dodici

tredici   quattordici   quindici   sedici

diciassette   diciotto   diciannove   venti

Chi è?

Invitare i bambini a drammatizzare la parte della storia nella quale la bruchina arriva a casa del bruco.

Un bambino viene invitato ad uscire dalla classe e a bussare alla porta; così tutti i bambini chiedono insieme: "Chi è?". E il bambino che è fuori: "Sono un bambino!" E di nuovo tutti insieme: "Come ti chiami?". "Mi chiamo ...". Se tutto il mini role-play viene effettuato correttamente si può procedere con un altro bambino altrimenti si può ripetere fino a che le due domande e le due risposte siano state assimilate compiutamente. Successivamente si invitano gli alunni a completare il proprio autoritratto e a scrivere il proprio nome nella sequenza a fumetti fornita qui sotto. Il fumetto "Sono u__ bambin_" va completato al maschile o al femminile (un bambino/una bambina).

La casetta dei bruchi

9

L'insegnante presenta ai bambini il seguente modello stilizzato della casetta dei bruchi. Ad ogni parte della casa è stato assegnato un numero diverso:

Numero 1 - la soffitta
Numero 2 - la scala
Numero 3 - la camera del bruco
Numero 4 - il bagno
Numero 5 - la camera della bruchina
Numero 6 - il soggiorno
Numero 7 - la cucina
Numero 8 - il giardino

Dopo aver ripetuto diverse volte la corrispondenza tra numeri e parti della casa si passa al gioco vero e proprio. Mescoliamo le palette dei numeri da 1 a 8 che abbiamo costruito nella prima unità (allegato A1), estraiamo un numero dal mazzo delle palette cosicché i bambini debbano dire a quale parte della casa corrisponde. Procediamo così per qualche turno. In una seconda fase possiamo, al contrario, partire dalle immagini della casa: prendiamo dall'allegato A7 le 8 carte corrispondenti alle 8 parti della casetta dei bruchi, ne estraiamo una e chiediamo a quale numero corrisponde e così via. Vince chi riesce a dare 5 risposte esatte.

10

Riascoltiamo la storia

L'insegnante invita i bambini ad ascoltare la narrazione dal cd (traccia n. 14) e a riprendere sul libro i disegni della storia.

Dopo qualche ascolto è possibile interrompere il cd usando il tasto pausa per chiedere ai bambini: a) quale disegno corrisponde all'ultima frase ascoltata; b) quale tra le frasi ascoltate dal cd corrisponde al disegno indicato dall'insegnante; c) come prosegue la storia.

11

Tagliamo e incolliamo

L'insegnante invita gli alunni a ritagliare e ad incollare sotto i disegni corrispondenti le frasi della storia riportate a pagina 121.

12

La tombola dei numeri

Andare all'allegato A6 e giocare a tombola.

L'insegnante distribuisce le cartelle della tombola (una per ogni bambino o per ogni coppia). Poi estrae e chiama ad alta voce i numeri da 0 a 20. Per far questo può utilizzare le carte del memory dei numeri dell'attività 4. I bambini possono usare pasta o monete per segnare i numeri estratti. Vince chi per primo riesce a completare la propria cartella. Il vincitore deve dire "Tombola!"

1 uno		**11** uno	**3** tre
4 quattro	**10** dieci	**19** diciannove	**13** tredici
16 sedici	**17** diciassette	**6** sei	

4 quattro	**14** quattordici	**19** diciannove
	7 sette	**2** due
18 diciotto	**5** cinque	**20** venti

I numeri
da 0 a 10

Che tempo fa?

I colori

Le parti del
corpo

I numeri
da
11 a 20

La casa

Chi è?

La casa
(2)
Gli animali

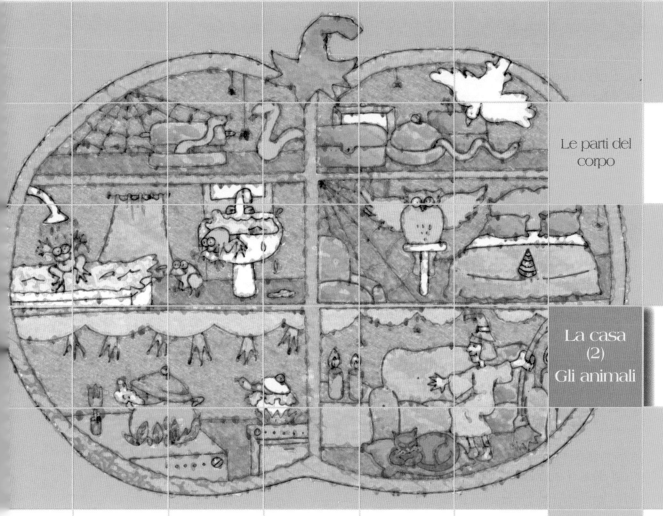

Gli
animali
(2)

I giorni,
i mesi,
le stagioni

chi abita nella zucca?

Da dove
viene?

I cibi e le
bevande

La famiglia

I vestiti

La scuola

1

La storia

L'insegnante racconta la storia con l'aiuto del testo riportato qui sotto. Contemporaneamente i bambini seguono la storia scorrendo i disegni delle pagine seguenti.

Disegno 1

È una bella serata e c'è una bella luna.
Il Bruco e la Bruchina vanno a fare una passeggiata.

Disegno 2

Il Bruco e la Bruchina si tengono a braccetto e si guardano intorno. Che magnifica serata!

Disegno 3

"Che cos'è questa zucca?" dice il Bruco.
"Non lo so" risponde la Bruchina. "Forse è una casa?".

Disegno 4

"Guarda Bruchina, guarda quanti animali ci sono!" dice il Bruco.
"Sì è vero" risponde la Bruchina. "Ci sono serpenti, ragni, rane, pipistrelli, una civetta, un corvo, un gatto".
"E guarda nel garage" dice il Bruco, "nel garage ci sono le scope."

Disegno 5

"Mamma mia!" dice la Bruchina. "È la casa delle streghe! E c'è anche un fantasma!"
La strega apre la porta.
Il fantasma fa: "Ahhahahahaha!"

Disegno 6

Il Bruco e la Bruchina hanno paura, tanta paura...
...corrono a casa...

Disegno 7

...chiudono la porta...
...chiudono le finestre...
...e vanno a dormire impauriti.

Disegno 8

Ma era solo Halloween!
Il giorno dopo sul prato c'è ancora la zucca di Halloween.

Disegno 9

Una grande zucca di Halloween.

Disegno 10

Ma Halloween è ormai finito...
...così gli animali se ne vanno dalla zucca.
E si mettono in cammino in cerca di una nuova casa.

2

Guardare i disegni e ripetere insieme ai bambini le parole della storia.

È inoltre possibile: a) indicare un disegno e chiedere ai bambini di ricordare o leggere la parola corrispondente; b) indicare un disegno, coprire la parola corrispondente e chiedere ai bambini di indovinarla; c) leggere una parola del glossario e chiedere ai bambini di indicare il disegno corrispondente.

 la zucca    il corvo

 il serpente    il gatto

 il ragno    la scopa

 la rana    la strega

 il pipistrello    il fantasma

 la civetta

Il memory della casa

3

Andare all'allegato A7 e giocare con il memory della casa.

L'insegnante predispone a faccia in giù le 26 carte del memory della casa.
Chiama a turno i bambini che dovranno: 1) scoprire una carta alla volta; 2) dire
ad alta voce la parte di casa o il mobilio scoperti; 3) tentare di trovare la carta con la figura identica a quella scoperta prima. Chi trova 2 carte uguali le prende e ha diritto ad un altro turno.
Vince chi riesce a collezionare il maggior numero di carte.

La canzone del vampiro

4

Ascoltare e cantare la canzoncina seguendo le indicazioni.

L'insegnante invita i bambini ad ascoltare la canzone una prima volta (traccia n.
15). Poi li sollecita a cantare riascoltando la traccia. Il testo può anche essere
copiato in grande su un cartellone da appendere. Intorno al testo (cioè ai lati del cartellone, e
anche in alto e in basso) si possono disegnare alcune figure che rappresentino le parole chiave
della canzone, per esempio: porte, convento, tomba, vampiro, notte, strega. Possiamo poi
domandare ai bambini di indicare la corrispondenza tra le parole e i disegni o, viceversa, indicare un disegno e chiedere a quale parola della canzone corrisponde.

Alle porte di un convento
Uuuuu aaaaa
C'è la tomba di un vampiro
Uuuuu aaaaa
E la notte lui si sveglia
Uuuuu aaaaa
E domanda ad una strega
Uuuuu aaaaa
"Posso anch'io tornare in vita?"
Uuuuu aaaaa
E la strega gli risponde:
Aaaaaaaaahhhhhhhh!

La canzone del vampiro

5

Il cartellone a taschine
Come costruire il cartellone a taschine

occorrente: 6 fogli di formato A4 (21 x 27,9 cm), 1 cartoncino di 42 x 56 cm, colla

Tagliare a metà i 6 fogli di carta in modo da ottenere 12 fogli. Piegare i lati a e b di ogni foglio (fig. 1) e poi il il lato c (fig. 2). Incollare le taschine così ottenute sul cartoncino. Numerare le prime 12 taschine da 1 a 12 e colorarle con i 12 colori imparati. Decorare le altre 4 taschine "per categoria": numeri, colori, corpo, casa (fig. 3). Infine appendere il cartellone al muro.

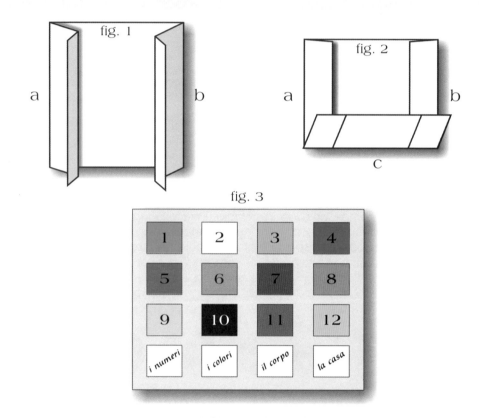

fig. 1

fig. 2

fig. 3

Come usare il cartellone a taschine

- Scrivere, su bigliettini di misura confacente alle taschine, domande relative ai numeri, ai colori, al corpo e alla casa (es: Che numero viene dopo il 4? Di che colore è il sole? ecc.). Poi inserire nelle taschine 1, 5, 9 le domande sui numeri, nelle taschine 2, 6, 10 quelle sui colori, nelle taschine 3, 7, 11 quelle sul corpo e nelle taschine 4, 8, 12 quelle sulla casa.

- Dividere i bambini a coppie o in gruppi. I bambini potranno gareggiare individualmente contro un bambino dell'altro gruppo o uno alla volta come parte di un gruppo. I bambini chiederanno la domanda indicando il colore o il numero delle taschine. Quando una domanda ha ottenuto una risposta corretta il bigliettino viene infilato nella rispettiva taschina-categoria.

- L'attività si presta a numerose variazioni e a diversi livelli di difficoltà. Si possono infatti attribuire punteggi diversi alle varie domande, organizzare gare ad eliminazione diretta, fare gare in cui il bambino può scegliere la domanda tra tutti gli argomenti o gare in cui le domande sono limitate ad un solo argomento.

Il gioco dei tre bicchieri

Seguire le istruzioni.

L'insegnante predispone, capovolti, 3 bicchieri di plastica sul tavolo. Sotto ogni bicchiere mostra e poi nasconde tre oggetti diversi. Nel nostro caso useremo una piccola zucca, un pipistrello ed un ragno. L'insegnante fa scivolare i bicchieri sul tavolo, cambiando loro più volte posizione ed avendo cura di mantenere nascosti gli oggetti. Al termine domanda ai bambini sotto quale bicchiere è nascosto, per esempio, il ragno. Il gioco può essere ripetuto modificando la posizione dei bicchieri o cambiando l'oggetto da indovinare. L'attività è utile per introdurre nuovo lessico o per rinforzare un vocabolario già presentato. Ecco una lista di parole/oggetti con cui giocare: ragno, ragnatela, zucca, pipistrello, serpente, verme, rana, civetta, gatto.

6

Riascoltiamo la storia

L'insegnante invita i bambini ad ascoltare la narrazione dal cd (traccia n. 16) e a riprendere sul libro i disegni della storia.

Dopo qualche ascolto è possibile interrompere il cd usando il tasto pausa per chiedere ai bambini: a) quale disegno corrisponde all'ultima frase ascoltata; b) quale tra le frasi ascoltate dal cd corrisponde al disegno indicato dall'insegnante; c) come prosegue la storia.

7

Tagliamo e incolliamo

L'insegnante invita gli alunni a ritagliare e ad incollare sotto i disegni corrispondenti le frasi della storia riportate a pagina 123.

8

Le due case

L'insegnante mostra le due case della pagina seguente (casa dei bruchi e casa della strega) ponendo una serie di domande ai bambini.

Il carattere orale e discorsivo dell'attività si presta a molteplici sviluppi a seconda delle risposte dei bambini. Per una migliore riuscita, i due disegni possono anche essere fotocopiati e disposti su uno stesso piano (muro, lavagna, lavagna luminosa).

9

Quante camere ci sono nella casa dei bruchi?
Quante camere ci sono nella casa della strega?
Nella casa della strega c'è una scala?
Nel soggiorno dei bruchi ci sono dei libri?
E nella casa della strega?
Quanti ragni ci sono nella casa della strega?

E nella casa dei bruchi?
Quante scope vedi nel disegno della strega?
La cucina dei bruchi è in ordine; e la cucina della strega?
Nella cucina dei bruchi c'è un lavandino; e nella casa della strega?

gli animali cercano casa

1

La storia

L'insegnante racconta la storia con l'aiuto del testo riportato qui sotto. Contemporaneamente i bambini seguono la storia scorrendo i disegni delle pagine seguenti.

Disegno 1

Il gatto, le rane, i serpenti, i ragni, la civetta, il corvo e il pipistrello non hanno più casa e così si mettono in cammino.

Disegno 2

Camminano, camminano e ad un certo punto incontrano uno spaventapasseri.

Disegno 3

"Per favore Spaventapasseri puoi dirci dove possiamo trovare una casa?" chiedono il serpente e il gatto.

Disegno 4

"Laggiù c'è una fattoria", risponde lo spaventapasseri. "La fattoria è grande e ci sono tanti animali buoni e gentili."
"Grazie, grazie mille" rispondono gli animali.

Disegno 5

Quanti animali ci sono nella fattoria! C'è la mucca, c'è il cavallo, c'è il maiale, ci sono le galline, il pulcino, l'oca... e c'è anche un cane addormentato.

Disegno 6

Ma ecco che il cane si sveglia, si alza e dice: "Bau, bau, benvenuti cari amici!"
"Grazie amico cane" rispondono il corvo, la civetta, il pipistrello, le rane, i ragni e i serpenti. "Noi non abbiamo una casa, c'è posto per noi alla fattoria?" chiedono gli animali. "Sì" risponde il cane buono e gentile.

Disegno 7

Lì nella stalla possono dormire i ragni.

Disegno 8

Lassù sul fienile ci starà il corvo.

Disegno 9

Chi dorme nell'orto? I serpenti dormono nell'orto!

Disegno 10

Il pipistrello e la civetta riposano nel pollaio.

Disegno 11

Le rane invece dormono nello stagno vicino a casa.

Disegno 12

Anche il gatto dorme. Lui dorme in casa, sul letto del fattore. Buonanotte!

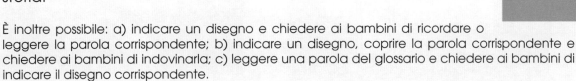

Il glossario

Guardare i disegni e ripetere insieme ai bambini le parole della storia.

2

È inoltre possibile: a) indicare un disegno e chiedere ai bambini di ricordare o leggere la parola corrispondente; b) indicare un disegno, coprire la parola corrispondente e chiedere ai bambini di indovinarla; c) leggere una parola del glossario e chiedere ai bambini di indicare il disegno corrispondente.

 lo spaventa-passeri

 l'anatra

 la fattoria

 il cane

 la mucca

 la stalla

 il cavallo

 il fienile

 il maiale

 l'orto

 la gallina

 il pollaio

 il pulcino

 lo stagno

 l'oca

 il fattore

chi dorme...

nella stalla

nel fienile

nello stagno

nel pollaio

nell'orto

in casa

3

Chi dorme...?

Mostrare i disegni della pagina precedente e seguire le istruzioni.

L'insegnante mostra la scheda della pagina precedente e rivolge alcune domande agli alunni (per esempio "Qual è l'animale che fa muuu-muuu", "Che verso fa il cane?", "Qual è l'animale che fa quack-quack?") per ricordare i nomi degli animali che si trovano al centro. Poi ripete i nomi dei luoghi ai quali appartengono gli animali. Quindi invita gli alunni a unire, con una freccia, gli animali e il luogo dove dormono comunemente.

Per una migliore riuscita dell'attività si può creare un cartellone con 6 taschine, corrispondenti ai 6 luoghi (nella stalla, nel fienile, nello stagno, nel pollaio, nell'orto, in casa) e ritagliare i disegni degli animali, fino a formare un mazzo di 15 carte. I bambini, a turno, devono estrarre una carta dal mazzo e inserire l'animale raffigurato nella tasca giusta. Il gioco può svolgersi anche a gruppi.

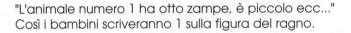

4

Il gioco dei 12 animali

Mostrare i disegni della pagina successiva e seguire le istruzioni.

L'insegnante mostra ai bambini i disegni della pagina successiva. I bambini dovranno attribuire a ciascuno dei 12 animali un numero a seconda dei suggerimenti che l'insegnante fornirà loro. Per esempio l'insegnante dirà:

"L'animale numero 1 ha otto zampe, è piccolo ecc..."
Così i bambini scriveranno 1 sulla figura del ragno.

"L'animale numero 2 è verde, fa gra! gra!, ecc..."
Così i bambini scriveranno 2 sul disegno della rana e così di seguito.

Il gioco dei dodici animali

Il memory degli animali

Andare all'allegato A8 e giocare con il memory degli animali.

5

L'insegnante predispone a faccia in giù le 36 carte del memory degli animali ordinandole in file da sei. Chiama a turno i bambini che dovranno: 1) scoprire una carta alla volta; 2) dire ad alta voce il nome dell'animale scoperto; 3) tentare di trovare la carta identica a quella scoperta prima.
Chi trova una coppia di carte uguali la prende e ha diritto ad una altro turno. Vince chi riesce a collezionare il maggior numero di coppie.

Riascoltiamo la storia

L'insegnante invita i bambini ad ascoltare la narrazione dal cd (traccia n. 17) e a riprendere sul libro i disegni della storia.

6

Dopo qualche ascolto è possibile interrompere il cd usando il tasto pausa per chiedere ai bambini: a) quale disegno corrisponde all'ultima frase ascoltata; b) quale tra le frasi ascoltate dal cd corrisponde al disegno indicato dall'insegnante; c) come prosegue la storia.

Tagliamo e incolliamo

L'insegnante invita gli alunni a ritagliare e ad incollare sotto i disegni corrispondenti le frasi della storia riportate a pagina 125.

7

La tombola degli animali

Andare all'allegato A9 e giocare alla tombola degli animali.

8

L'insegnante distribuisce le cartelle della tombola (una per ogni bambino o per ogni coppia). Poi inizia a giocare chiamando ad alta voce un animale della seguente lista: cane, gatto, cavallo, mucca, maiale, serpente, anatra, ragno, gallina, pipistrello, rana, gufo, corvo, pulcino, pesce, gallo. I bambini possono usare pasta o monete per segnare gli animali estratti. Vince chi per primo riesce a completare la propria cartella. Il vincitore deve dire "Tombola!"

9

Alla fiera di Mastro Andrè

Ascoltare e cantare la canzoncina seguendo le indicazioni.

L'insegnante invita i bambini ad ascoltare la canzoncina una prima volta (traccia n. 18). Poi li sollecita a cantare riascoltando la traccia. Quindi è possibile cantare seguendo la sola base musicale (traccia n. 19).

La canzone si presta ad aggiungere quali e quanti animali si vogliano. L'insegnante, dopo aver cantato la canzone con i bambini, può introdurre un nuovo animale avendo cura di aver preparato anche un verso dell'animale compatibile con il ritornello. Poi, dopo aver offerto un primo esempio, l'insegnante inviterà gli alunni a pensare ad un nuovo animale e al suo verso da inserire nella canzone. La canzone può così allungarsi a piacimento con il contributo di tutti gli alunni. Il testo può anche essere copiato in grande su un cartellone da appendere.

Alla fiera di Mastro Andrè
Ho comprato un cavallo
Clop clop un cavallo
Clop clop un cavallo
Clop clop un cavallo
Alla mirè alla mirè
Alla fiera di Mastro Andrè
Alla mirè alla mirè
Alla fiera di Mastro Andrè

Alla fiera di Mastro Andrè
Ho comprato un gatto bianco
Miao miao un gatto bianco
Miao miao un gatto bianco
Miao miao un gatto bianco
Alla mirè alla mirè
Alla fiera di Mastro Andrè
Alla mirè alla mirè
Alla fiera di Mastro Andrè

Alla fiera di Mastro Andrè
Ho comprato un cane nero
Bau bau un cane nero
Bau bau un cane nero
Bau Bau un cane nero
Alla mirè alla mirè
Alla fiera di Mastro Andrè
Alla mirè alla mirè
Alla fiera di Mastro Andrè

I numeri
da 0 a 10

Che tempo fa?

I colori

Le parti del
corpo

I numeri
da
11 a 20

La casa

Chi è?

La casa (2)

Gli animali

Gli
animali
(2)

I giorni,
i mesi,
le stagioni

il matrimonio

Da dove
viene?

I cibi e le
bevande

La famiglia

I vestiti

La scuola

1

La storia

L'insegnante invita i bambini ad ascoltare la narrazione dal cd (traccia n. 20) e a seguire sul libro i disegni della storia.

2 Le stagioni

Collega con una freccia il mese all'albero e alla stagione giusta.

giugno

gennaio

febbraio

luglio

settembre

marzo

agosto

ottobre

maggio

dicembre

aprile

novembre

3

Il cercaparole

Cerca ed evidenzia nel puzzle le seguenti parole:

b	h	g	h	m	o	m	r	p	d
r	a	m	i	c	i	a	k	r	i
u	z	s	a	b	a	t	o	i	e
c	n	v	g	s	q	r	q	m	c
o	b	e	a	q	h	i	q	a	i
a	c	n	z	h	r	m	h	v	t
d	d	t	r	t	u	o	n	e	l
b	r	u	c	h	i	n	a	r	r
l	s	n	t	r	i	i	z	a	o
u	v	o	b	u	n	o	z	t	o

matrimonio
bruco
bruchina
primavera
sabato
uno
amici
dieci
ventuno
blu

4

Il completaparole

Completa le parole con le lettere mancanti.

s	a	b	a	t	o
	a		a		o
s	a			t	
		b	a		

p	r	i	m	a	v	e	r	a
p	r			a	v			a
p	r	i	m	a				
					v	e	r	a
						a		

a	m	i	c	i
a		i		i
	m		c	
a				i

5 Il cercaparole

Cerca ed evidenzia nel puzzle le seguenti parole:

m	z	k	l	u	n	e	d	i	v
m	e	r	c	o	l	e	d	i	d
m	a	r	t	e	d	i	y	y	o
s	h	y	c	z	k	k	y	x	m
a	x	v	e	n	e	r	d	i	e
b	z	x	y	w	l	x	y	k	n
a	a	s	t	t	u	e	w	x	i
t	k	g	i	o	v	e	d	i	c
o	y	k	x	i	w	k	i	i	a

lunedì
martedì
mercoledì
giovedì
venerdì
sabato
domenica

6 Il cruciverba

Scrivi le parole nel cruciverba.

primavera	estate
autunno	inverno

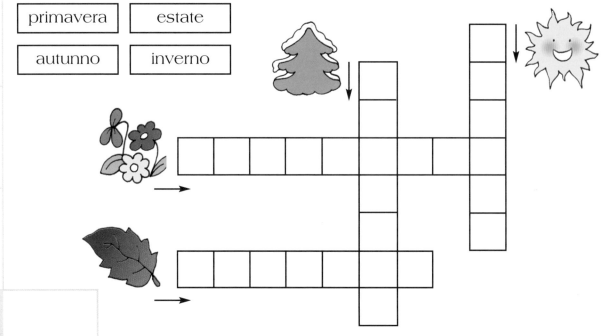

la festa

La storia

L'insegnante invita i bambini ad ascoltare la narrazione dal cd (traccia n. 21) e a seguire sul libro i disegni della storia.

TUTTO È PRONTO PER LA FESTA DEI BRUCHINI.

1

Ogni bruco da ogni parte del mondo porta una specialità.

2

Huei! Ecco la pizza!

3

Poi arriva il bruco cinese con il riso.

4

La bruchina spagnola con la paella.

5

Il bruchino africano con il cus-cus.

Il bruco argentino porta l'asado.

Il bruchino indiano porta il pane naan.

E infine la bruchina tedesca con lo strudel!

Ehi, abbiamo dimenticato le bevande!!

Ma ecco, dal cielo, un meraviglioso bruco già diventato farfalla, portare ogni cosa da bere...

2 Il completaparole

Completa le parole con le lettere mancanti.

b	e	v	a	n	d	e
		v	a		d	e
b						e

c	i		
		b	o
c			

p	a	n	e
p		n	
		a		e
p			

r	i	s	o
r		s	
	i		o
r			

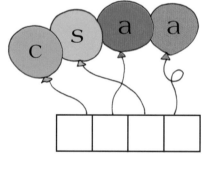

p	i	z	z	a
p	i			
p				

f	e	s	t	a
f				a
		s		

3 I palloncini

Che parola portano i palloncini?

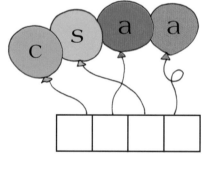

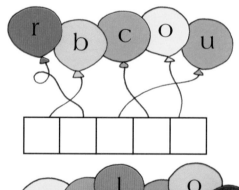

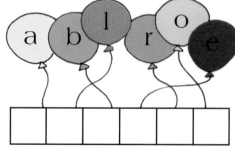

La ruota dei cibi

4

L'insegnante invita gli alunni a costruire la ruota dei cibi.

Occorre ritagliare i due cerchi e la finestrella del primo cerchio, e poi praticare al centro delle due ruote un foro dove inseriremo un gancetto fermacampioni.
Quindi si sovrappongono i due cerchi (sopra il cerchio geografico e sotto il cerchio con i cibi) legandoli insieme con un gancetto fermacampioni, cosicché ogni bambino disporrà di una ruota del cibo. A questo punto si può ruotare la finestrella per scoprire di volta in volta un cibo diverso e domandare la sua provenienza. L'attività può essere svolta inizialmente dall'insegnante che, facendo ruotare la finestrella, domanderà ai bambini la provenienza del cibo scoperto. Successivamente ogni bambino potrà usare la propria ruota formulando alla classe e all'insegnante la domanda di cui sopra ed infine saranno gli alunni a coppie a formularsi vicendevolmente domande e risposte usufruendo ciascuno della propria ruota.

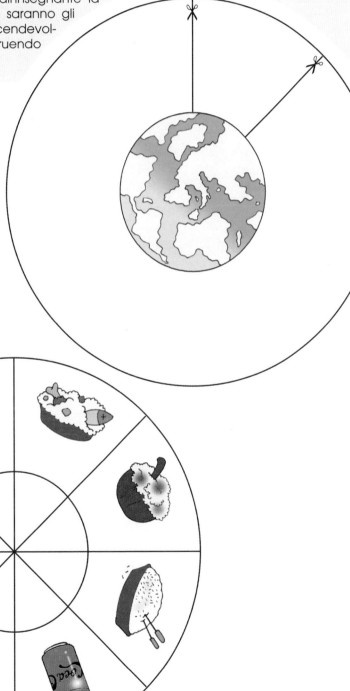

5

Giro giro tondo

L'insegnante invita gli alunni ad alzarsi in piedi e a formare un cerchio dandosi la mano. Mentre avvia il cd (traccia n. 22), inizierà a girare in circolo invitando gli alunni a fare altrettanto e a cantare la strofa qui sotto (nell'ultima riga i bambini e l'insegnante si siedono improvvisamente insieme per terra lasciandosi le mani). Infine è possibile cantare seguendo la sola base musicale (traccia n. 23). Il testo può anche essere copiato in grande su un cartellone da appendere.

GIRO
GIRO TONDO
CASCA IL
MONDO
CASCA LA
TERRA
TUTTI GIÙ
PER
TERRA!!!!!!

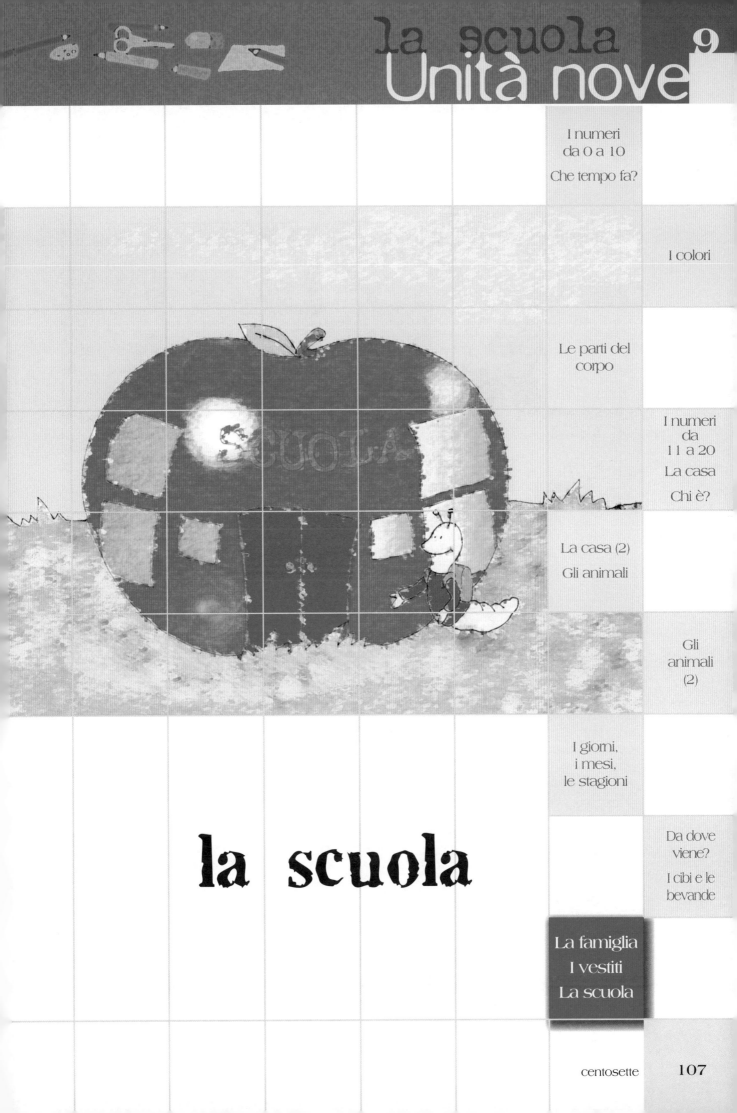

la scuola

1

La storia

L'insegnante invita i bambini ad ascoltare la narrazione dal cd (traccia n. 24) e a seguire sul libro i disegni della storia.

È il primo giorno di scuola per il piccolo bruco.

1

2 Il nonno bruco gli ha regalato una bella giacca.

3 Lo zio bruco gli regala una camicia elegante.

4 Là nonna bruco gli regala un bel maglione.

5 La zia bruco gli regala i pantaloni.

La mamma gli prepara calze e scarpe.

...ed il papà gli compra una cartella ed un astuccio.

La mattina di fronte alla scuola...

QUANTE COSE IN CLASSE!

QUANTE COSE NELL'ASTUCCIO!

2

La famiglia

L'insegnante invita gli alunni a leggere (e a guardare le immagini) dell'albero genealogico di Bruchetto.

Dopo una prima lettura l'insegnante formulerà ai bambini semplici domande del tipo "Come si chiama il papà di Bruchetto?" Risposta: "Il Bruco" oppure "Chi è la mamma della Bruchina?" Risposta: "Nonna Bruchina" ecc. Potrà inoltre indicare le immagini e chiedere ai bambini di dire il nome del personaggio rappresentato oppure indicare nuovamente un'immagine e chiedere in che rapporto di parentela sta con altre immagini o con altri nomi. Ne "L'albero genealogico della mia famiglia" l'alunno verrà nuovamente invitato a leggere e comprendere i vari rapporti di parentela che vedono lui stesso come punto di partenza e al centro dell'albero. Successivamente il bambino verrà invitato a scrivere e a disegnare, negli spazi previsti, il suo nome e i nomi con un piccolo ritratto di se stesso e dei componenti della sua famiglia.

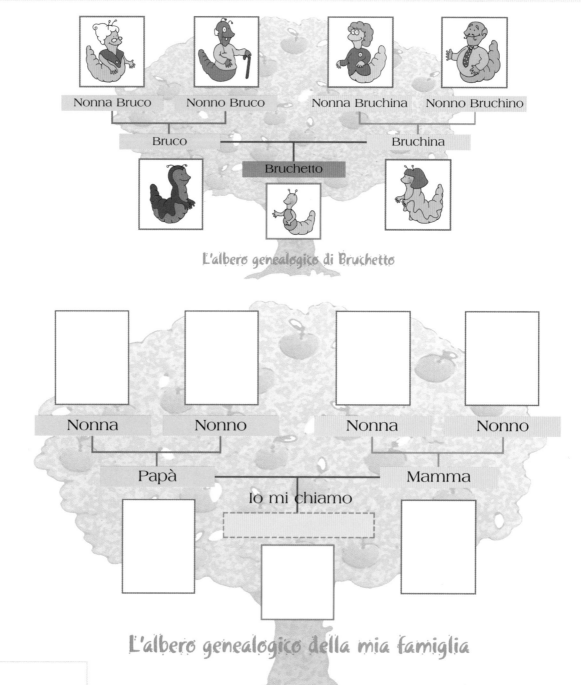

L'albero genealogico di Bruchetto

L'albero genealogico della mia famiglia

I vestiti

Collega le parole ai disegni giusti.

3

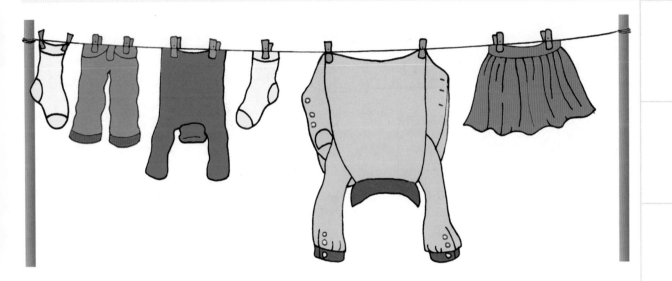

| La camicia | I pantaloni | Il calzino |

| La maglia | La gonna |

Il cruciverba dei vestiti

Risolvi il cruciverba.

4

5

Le parole della scuola

Completa le parole e poi scrivile nel cruciverba.

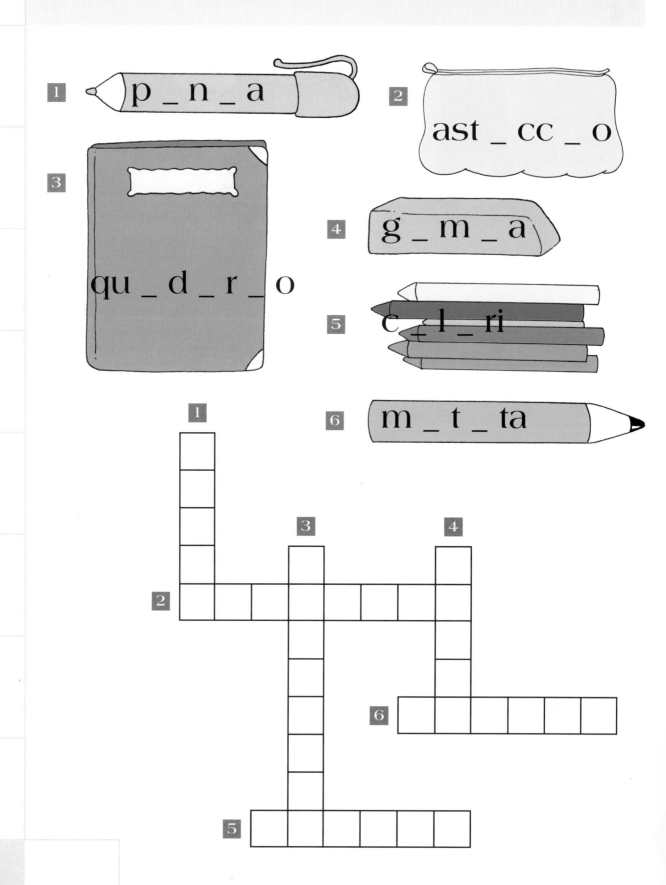

1 p _ n _ a

2 ast _ cc _ o

3 qu _ d _ r _ o

4 g _ m _ a

5 c _ l _ ri

6 m _ t _ ta

tagliamo e incolliamo

In questa sezione sono riportati i testi in disordine delle prime 6 storie del libro, utili per lo svolgimento dell'attività TAGLIAMO E INCOLLIAMO.

Quando nell'unità compare questa icona, l'alunno dovrà ritagliare in questa sezione le varie frasi della storia. Poi tornerà all'unità, dove dovrà incollare le frasi al posto giusto nello spazio centrale della pagina (sotto e sopra le tavole con i disegni), attribuendo a ciascun disegno la didascalia appropriata.

...arrivano molto in alto, fanno
il solletico alle nuvole che...

Come faremo a tornare a casa?

Chiama le altre barche e...

Ed ecco di nuovo IL VENTO!

Le barche ritornano a casa. Tutti sono in festa!

Le barche sono ferme e tristi.

Ma improvvisamente...
Non c'è più vento, il mare è calmo
e tutto è immobile!!!

Oh che bella giornata! Tutto è in movimento!
Il sole, il mare, le nuvole, il vento, i pesci, la medusa,
la stella marina e... tante barche!!! Contiamo le barche!
Uno, due, tre, quattro, cinque, sei, sette, otto, nove, dieci.

... piano piano mettono i loro alberi e
le loro vele uno sull'altro così...

STARNUTISCONO forte, forte.

Tutto è di nuovo in movimento.
Tutti sono felici.

Una barca ha un'idea!

Ad un tratto si alza un forte vento.
Chiara e Nicola perdono i palloncini.

Aggiungono sapone alla pioggia colorata...

Allora i due bambini corrono veloci
a raccogliere la pioggia.

Cercano di riprenderli ma il vento è troppo forte.

Chiara e Nicola hanno tanti palloni colorati.

Ed eccoli di nuovo felici e sorridenti con i loro
dodici palloni colorati!

...e fanno bolle di sapone grandi come palloni!

E quando toccano le nuvole "PUM, PUM!"
scoppiano tingendo le nuvole di tutti i colori.

Il vento disperde i palloncini sempre più in alto
e Nicola piange.

...Nicola dice a Chiara:
"Guarda Chiara, la pioggia è colorata!"

Ora le nuvole sono colorate e mentre piove...

I palloncini volano alti alti nel cielo...

nuvole e palloni

nuvole e palloni

È notte. Un maestro lavora ancora alla sua scrivania.
Disegna un Pinocchio per la classe
del giorno dopo. Ma è molto stanco...

È notte. Un maestro lavora ancora alla sua scrivania.
Disegna un Pinocchio per la classe
del giorno dopo. Ma è molto stanco...

È notte. Un maestro lavora ancora alla sua scrivania.
Disegna un Pinocchio per la classe
del giorno dopo. Ma è molto stanco...

È notte. Un maestro lavora ancora alla sua scrivania.
Disegna un Pinocchio per la classe
del giorno dopo. Ma è molto stanco...

È notte. Un maestro lavora ancora
alla sua scrivania.

È stanco ma ad un certo punto ha un'idea!

Pinocchio è diventato un bel BAMBINO
e di Pinocchio è rimasto solo IL... CAPPELLINO...!

Pinocchio senza BOCCA. Tutti i bambini ridono.

Pinocchio senza GAMBE e senza PIEDI.

Pinocchio senza NASO.

Pinocchio senza OCCHI.

Tutti i bambini ridono.

Tutti i bambini ridono.

Tutti i bambini ridono.

Pinocchio sbagliato

Pinocchio sbagliato

Cade una mela.
Quante mele ci sono adesso sull'albero?
1, 2, 3, 4, 5, 6, 7, 8, 9, 10, 11, 12, 13, 14, 15, 16, 17, 18, 19.

Cosa fanno il Bruco e la Bruchina?
Il Bruco e la Bruchina scavano, scavano, scavano...

È notte. Il bruco va a dormire. Nel cielo ci sono
la luna e le stelle. Tutto è silenzioso.

... e ora il Bruco e la Bruchina hanno
una casa grande e bellissima!

... e si affaccia alla finestra felice perché
finalmente ha una casa.

Il bruco dorme.
Ma... Toc, toc, toc... ...Toc, toc, toc...
La bruchina bussa alla porta.

Il bruco è triste perché non ha una casa.

Il Bruco scava, scava, scava...

Il bruco si sveglia, scende giù e dice: "Chi è?"
La Bruchina risponde: "Sono io la Bruchina."
Il Bruco apre la porta e dice: "Avanti!"

Il Bruco vede la mela e pensa: "Ecco la mia casa!"

In un grande prato c'è un bellissimo albero. Sull'albero
ci sono tante mele. Quante mele ci sono? Contiamo le mele
1, 2, 3, 4, 5, 6, 7, 8, 9, 10, 11, 12, 13, 14, 15, 16, 17, 18, 19, 20.

Sotto l'albero di mele c'è un piccolo bruco.

il bruco senza casa

"Che cos'è questa zucca?" dice il Bruco.
"Non lo so" risponde la Bruchina.
"Forse è una casa?"

...chiudono la porta... ...chiudono le finestre...
...e vanno a dormire impauriti.

È una bella serata e c'è una bella luna.
Il Bruco e la Bruchina vanno a fare
una passeggiata.

"Guarda Bruchina, guarda quanti animali ci sono!" dice il Bruco.
"Sì è vero" risponde la Bruchina. "Ci sono serpenti, ragni,
rane, pipistrelli, una civetta, un corvo, un gatto."
"E guarda nel garage" dice il Bruco, "Nel garage ci sono le scope."

Il Bruco e la Bruchina hanno paura, tanta paura...
...corrono a casa...

Il Bruco e la Bruchina si tengono a braccetto
e si guardano intorno. Che magnifica serata!

Ma era solo Halloween!
Il giorno dopo sul prato c'è ancora
la zucca di Halloween.

Ma Halloween è ormai finito...
...così gli animali se ne vanno dalla zucca.
E si mettono in cammino in cerca di una nuova casa.

"Mamma mia!" dice la Bruchina. "È la casa delle
streghe! E c'è anche un fantasma!"
La strega apre la porta. Il fantasma fa: "Ahhahahaha!"

Una grande zucca di Halloween.

Anche il gatto dorme. Lui dorme in casa,
sul letto del fattore.
Buonanotte!

Camminano, camminano e ad un certo punto
incontrano uno spaventapasseri.

Chi dorme nell'orto? I serpenti dormono nell'orto!

Il gatto, le rane, i serpenti, i ragni, la civetta,
il corvo e il pipistrello non hanno più casa
e così si mettono in cammino.

Il pipistrello e la civetta riposano nel pollaio.

"Laggiù c'è una fattoria", risponde lo spaventapasseri.
"La fattoria è grande e ci sono tanti animali buoni e gentili."
"Grazie, grazie mille" rispondono gli animali.

Lassù sul fienile ci starà il corvo.

Le rane invece dormono nello stagno vicino a casa.

Lì nella stalla possono dormire i ragni.

Ma ecco che il cane si sveglia, si alza e dice: "Bau, bau, benvenuti cari amici!"
"Grazie amico cane" rispondono il corvo, la civetta, il pipistrello, le rane,
i ragni e i serpenti. "Noi non abbiamo una casa, c'è posto per noi alla
fattoria?" chiedono gli animali. "Sì" risponde il cane buono e gentile.

"Per favore Spaventapasseri puoi dirci dove
possiamo trovare una casa?"
chiedono il serpente e il gatto.

Quanti animali ci sono nella fattoria! C'è la mucca,
c'è il cavallo, c'è il maiale, ci sono le galline, il
pulcino, l'oca... e c'è anche un cane addormentato!

Alma Edizioni
Italiano per stranieri

Corsi di lingua

Espresso 1
corso di italiano - livello principiante
- *libro dello studente ed esercizi*
- *guida per l'insegnante*
- *cd audio*

Espresso 2
corso di italiano - livello intermedio
- *libro dello studente ed esercizi*
- *guida per l'insegnante*
- *cd audio*

Espresso 3
corso di italiano - livello avanzato
- *libro dello studente ed esercizi*
- *guida per l'insegnante*
- *cd audio*

Espresso 1
esercizi supplementari

Espresso 2
esercizi supplementari

Espresso 3
esercizi supplementari

Espresso 1 e 2
attività e giochi per la classe

Raccontami 1
corso di lingua italiana per bambini
- *libro*
- *guida per l'insegnante*
- *cd audio*

Grammatiche ed eserciziari

**Grammatica pratica della
lingua italiana**
esercizi, test, giochi sulla grammatica italiana

Italian grammar in practice
esercizi, test, giochi sulla grammatica italiana
(versione per anglofoni)

I pronomi italiani
grammatica, esercizi, giochi sui pronomi italiani

Le preposizioni italiane
grammatica, esercizi, giochi sulle preposizioni
italiane

I verbi italiani
grammatica, esercizi, giochi sui verbi italiani

Le parole italiane
esercizi e giochi per imparare il lessico

Verbissimo
le coniugazioni di tutti i verbi italiani

Grammatica italiana
grammatica essenziale con regole ed esempi
d'uso

Ascoltare, leggere, parlare, scrivere

Canta che ti passa
imparare l'italiano con le canzoni
- *libro*
- *cd audio con le 15 canzoni originali*

Bar Italia
articoli sulla vita italiana con attività per
leggere, parlare, scrivere

Giocare con la letteratura
18 unità didattiche su scrittori italiani del '900

Giocare con la scrittura
attività e giochi per scrivere in italiano

Ricette per parlare
attività e giochi per la produzione orale

Letture in gioco
attività e giochi per leggere in italiano

Alma Edizioni
Italiano per stranieri

Cinema italiano - collana di film brevi sottotitolati

No mamma no - La grande occasione (1° livello)
- *libro di attività*
- *videocassetta con due cortometraggi d'autore sottotitolati*

Colpo di testa - La cura (2° livello)
- *libro di attività*
- *videocassetta con due cortometraggi d'autore sottotitolati*

Camera obscura - Doom (3° livello)
- *libro di attività*
- *videocassetta con due cortometraggi d'autore sottotitolati*

Giochi

Parole crociate 1° livello
cruciverba e giochi per imparare il lessico e la grammatica

Parole crociate 2° livello
cruciverba e giochi per imparare il lessico e la grammatica

Parole crociate 3° livello
cruciverba e giochi per imparare il lessico e la grammatica

Letture facili - collana di racconti originali con audiocassetta

1° livello - 500 parole
Dov'è Yukio?
Radio Lina
Il signor Rigoni
Pasta per due

2° livello - 1000 parole
Fantasmi
Maschere a Venezia
Amore in paradiso
La partita

3° livello - 1500 parole
Mafia, amore & polizia
Modelle, pistole e mozzarelle
L'ultimo Caravaggio

4° livello - 2000 parole
Mediterranea
Opera!
Piccole storie d'amore

5° livello - 2500 parole
Dolce vita
Un'altra vita

ALMA EDIZIONI
viale dei Cadorna, 44
50129 Firenze - Italia
tel ++39 055476644
fax ++39 055473531
info@almaedizioni.it
www.almaedizioni.it